"最美奋斗者"品德教育系列

# 大山里的"暖阳"
## 刘芳

伍美珍工作室 / 编著　　冉少丹 / 绘

海豚出版社
DOLPHIN BOOKS
CICG 中国国际传播集团

# 幸福源自奋斗

一个人的一生应当怎样度过？

也许这个问题对小朋友们来说还有点遥远，但是有很多人终其一生都在追寻这个问题的答案。小朋友们不妨现在就想想，这一辈子你要如何度过呢？

相信《"最美奋斗者"品德教育系列》能给小朋友们带来启发。

2019年，为隆重庆祝新中国成立七十周年，学习英雄事迹、弘扬奋斗精神、培育时代新人，中共中央宣传部等评选表彰了新中国成立以来涌现的英雄模范，授予他们"最美奋斗者"称号，并开展"最美奋斗者"学习宣传活动。

"最美奋斗者"这份沉甸甸的名单，涵盖各个历史时期在各地区、各行业、各领域中脱颖而出的先进模范，既有黄继光、邱少云、王进喜、雷锋、焦裕禄、孔繁森这些耳熟能详的名字，也有钟南山、袁隆平、黄大年、南仁东、李保国等新时代的楷模。

他们是不懈的奋斗者、开拓者，是幸福生活的创造者、守护者。他们用智慧和汗水，甚至用鲜血和生命，为国家富强、民族振兴、人民幸福书写了可歌可泣的壮丽篇章，在平凡的岗位上作出了不平凡的业绩。他们是国家的脊梁、民族的英雄、时代的楷模，值得我们永远铭记。

幸福都是奋斗出来的，只有奋斗的人生才称得上是幸福的人生。希望通过这套图书，小朋友们能感受到英雄们那种昂扬向上的奋斗精神，树立正确的世界观、人生观、价值观，在"最美奋斗者"的陪伴下扣好人生的第一粒扣子！

《"最美奋斗者"品德教育系列》编委会

2021年3月

扫码听故事

品德故事
楷模故事
读书笔记
交流园地

你知道当老师需要哪些技能吗？
刘芳可是从小就知道。

她每天早早地来到教室朗读课文，小伙伴们总会被她的声音感动。

　　要想成为老师，读书一定要充满感情。

下课铃一响，
别人都在做游戏，
刘芳却喜欢拿树枝
在地上写字。

要想成为老
师，写一手好字也
很重要。

6

贵州师范大学

考上了师范学校，她就是一名准老师了。不过，想当一名真正的老师，刘芳必须了解孩子、亲近孩子。

那就到小学去看看吧。操场上，她和孩子们一起跳绳、做游戏。空闲的话，再帮孩子们辅导一下功课。

虽然只是体验一下当老师的感觉，但她真的爱上了孩子们。从师范学校毕业的那天，刘芳选择去农村当老师。就这样，她成了贵阳市白云三中的一名语文老师。

9

这里实在是简陋。教室的墙是斑驳的，学校的食堂就是个大雨棚，可是孩子们单纯好奇的眼神，让刘芳感到亲切极了。她要扎根在这里！

　　班里有许多留守儿童，面对课本，
他们整天无精打采。这可不行，刘芳
决定挨家挨户去家访。山路很远很远，
刘芳却一家也没落下。

刘芳的课最好玩了,语文课被她上得笑声不断。孩子们的成绩变好了,刘芳也被评为了"全国优秀教师"。

可最近，刘芳的眼睛怎么不好使了？她看不清黑板，看不清学生。原来，她的视网膜生病了！

摸索着进教室，摸索着找粉笔，刘芳
的行动再也不像往常那样自如。

一天上课时，她突然脚下一空，从讲台上摔了下来。
同学们被吓坏了，纷纷围上去，将她扶起来。

眼睛看不清，课还得照常上，刘芳干脆把初中三年的语文课文全都背了下来，随便说出一篇，她都知道在哪一页。每天，她都凭借记忆给同学们上课。

　　虽然眼睛不好，可她用心写出来的板书却整整齐齐，课还是上得生动有趣。

扫码听故事

品德故事
楷模故事
读书笔记
交流园地

只是，先前凑近了还能看清书本，现在刘芳已经完全看不见同学们的作业了，这可怎么办才好？

17

聪明的刘芳总能找到办法。每次批改作文，她就让同学们大声朗读出来，她用耳朵听，有时还配上有趣的动作给同学们讲解。

同学们更爱作文课了！刘芳还带出了两个中考状元呢！

可世界在她眼里越来越模糊。有一天，一辆轿车从她跟前疾驰而过，差点就撞到了她。

　　课本上大大的"语文"二字她也看不见了。也许，她应该离开教师岗位了。

听说刘芳要走，班里的同学纷纷跑去找校长，想把刘老师留下来！

"刘老师，您要不改当心理辅导老师吧！学生们都舍不得您！"

太好了！刘芳还是他们的刘老师！

午休时分，一名老师突然跑来："刘老师，有个孩子最近有轻生的念头，您快去开导下吧！"

23

刘芳一手拉着女孩，一手轻轻地抚摸着她的脸说：
"有什么不开心呀？"

　　她的眼神虽然模糊，却让人感到格外温柔。

刘芳做了件奇怪的事：用布蒙住女孩的眼睛，蒙了整整一天。

眼睛一蒙上，女孩走路时老撞到桌角，她只能坐在座位上，哪也不去。

晚上，刘芳才为她摘下布条，问道："这样生活感觉怎么样？""太辛苦了！"女孩苦着脸说。

　　"孩子，你还有明亮的眼睛，为什么要不开心呢？你看生活多美呀。"刘芳轻轻地说。女孩似懂非懂地点了点头。

刘芳知道，孩子不开心和家庭有关。她走了很远的山路去家访。

山路蜿蜒曲折，刘芳只能一步一步，慢慢前行。

刘芳的话语像一双温暖的手，一点一点地解开了
女孩和母亲之间的心结。

28

回到学校，刘芳张罗了一间心理咨询室。
她说，这是每个人都可以分享秘密的地方。

刘芳看不见孩子们的脸，却能看清他们的心。

孩子们走进心理咨询室，听到她那轻快而又温柔的声音，仿佛所有的烦恼都能消散。

现在，刘芳的心理咨询室已经成了孩子们的秘密王国。大家有了困惑，总是第一个想起她。

虽然刘芳的眼前再没有色彩，但她却凭借无穷的毅力和爱心，让知识和快乐像七色光一样，照亮了孩子们无邪的脸庞。